Dédié au Cercle de l'Union républicaine
de Vidauban (Var)

QUELQUES MOTS

SUR

LA DÉMOCRATIE

ET

LE SOCIALISME

AU VILLAGE

PAR

Paul BACQUE

Peintre en bâtiments, à Vidauban (Var)

« Le travail affranchi, maître de soi, serait
« maître du monde, car le travail c'est l'action
« même de l'humanité, accomplissant l'œuvre
« dont l'a chargé le Créateur.

« LAMENNAIS. »

Prix : 0 fr. 50 centimes

DRAGUIGNAN

IMPRIMERIE GÉNÉRALE GIMBERT FILS, GIRAUD ET Cie

1878

LA DÉMOCRATIE

ET

LE SOCIALISME AU VILLAGE

I

En livrant ces quelques pages à la publicité, nous avons voulu :

1° Eclairer nos concitoyens, sur les droits et les devoirs qui leur incombent dans l'établissement de la République démocratique;

2° Rechercher les solutions propres à satisfaire les légitimes revendications des classes laborieuses;

3° Indiquer les vices et défauts d'organisation qui contribuent à enrayer la marche d'un progrès régénérateur.

Les sept années qui se sont écoulées depuis l'avènement de notre jeune République, nous ont fourni les matériaux nécessaires pour mettre en lumière tous les faits, de manière à intéresser les esprits vraiment soucieux de notre grande cause; nous avons donc puisé, dans cette période instructive et intéressante, tous les éléments d'information qui peuvent attester la véracité de nos démonstrations.

Laissant de côté toute question irritante et personnelle, nous avons adopté comme règle de ne nous occuper que des grandes questions d'intérêt général et d'ordre public.

II

De toutes les conquêtes du peuple, la plus précieuse est assurément le suffrage universel; les auteurs de cette révolution de février, qui, rachetant les prolétaires, en ont fait des citoyens actifs, estimèrent avec raison que l'heure était venue pour le peuple, d'avoir sa part de souveraineté. Malheureusement, cette juste réforme ne répondit pas à l'attente de ses promoteurs : trompé par les théories fallacieuses des agents de l'homme de l'Elysée, à la prépondérance duquel venait encore se joindre le prestige qui s'attachait à la légende napoléonienne, le peuple se laissa prendre aux filets d'un aventurier sans cœur, sans talents qui, après une halte sanglante au deux décembre, devait le conduire dans la boue de Sedan.

Mais les vingt années de corruption et de persécutions impériales, en dessillant les yeux du peuple, n'ont heureusement pas peu contribué à lui permettre de discerner la justice de l'iniquité et la vérité de l'erreur. Néanmoins, pour que le peuple puisse exercer sa souveraineté dans la plénitude de ses facultés, il faut qu'on complète d'abord son instruction, et ensuite qu'on lui accorde tous les avantages qui découlent de la liberté de réunion et d'association; il faut, en un mot, que les électeurs puissent s'affranchir par leur connaissance politique, non seulement de la tutelle administrative, mais encore des *vaines terreurs* qui les assiégent, et des intrigants qui les abusent.

Certes nous reconnaissons les progrès accomplis par

l'idée républicaine. Républicain, le peuple l'est par l'esprit et par le cœur !

Mais, et pourquoi ne le dirions-nous pas, il est facile à exploiter ; et, suivant une parole de Rousseau : « *S'il veut toujours le bien, souvent il ne le voit pas,* » de sorte qu'il lui arrive quelquefois d'être la proie des hâbleurs et des intrigants ; et cela au mépris des vétérans de notre cause qui se voient indignement marchander les faveurs populaires, alors que des complices du malfaiteur de décembre, par des manœuvres habiles, savent adroitement se créer une situation contre laquelle luttent vainement le bon sens et la raison.

Il y a là un état de choses qu'il importe de faire disparaître, car il ne saurait se continuer sans compromettre gravement l'œuvre de rénovation sociale.

Un parti puissant comme le nôtre ne saurait donc souffrir plus longtemps qu'un groupe ou une coterie quelconque, s'affublât d'un faux titre pour lui dicter des lois et lui imposer sa volonté.

Le peuple doit commencer par ne compter que sur lui-même pour la gestion de ses propres affaires ; il doit aussi soigneusement se garder de tomber dans l'ornière de ce *personnalisme* qui n'est le plus souvent que la ressource des traîtres, des fourbes et des intrigants.

Nous concluons de ce qui précède que, lorsque ses facultés permettront à l'électeur de voir clair dans le jeu de ses gouvernants, il sera alors, mais alors seulement, le véritable arbitre de ses destinées ; jusque là, il est à craindre qu'il ne continue à servir d'instrument à tout ce que notre parti compte de personnalités bigarrées ; à tous ces hommes sans principes stables qui, bonapartistes d'hier, se qualifient intransigeants aujourd'hui parce qu'ils y trouvent leurs intérêts. Quand tous ces faux frères seront démasqués par le seul fait de la sagacité du corps électoral, il est certain que la cause de la République démocratique n'aura plus à redouter ni défaillance, ni surprise, et que nous verrons s'y rallier tous les hommes au cœur desquels réside l'amour du bien et de la liberté.

III

L'émancipation politique et sociale est, sans contredit, l'objet de la grande sollicitude des hommes généreux qui se dévouent pour le bien de l'humanité.

On l'a dit avec raison :

« L'homme ne vit point de politique et de révolutions. »

Il faut donc perfectionner sa destinée, et lui procurer, par le travail, le bien-être moral et matériel auquel il a droit, et vers lequel il doit tendre invinciblement. Pour arriver à ce noble but, il nous faut un gouvernement véritablement populaire et qui réponde aux aspirations aussi bien qu'aux vœux du peuple ; mais pour cela faire, il est indispensable que l'initiative privée vienne en aide à l'action gouvernementale.

Ainsi donc, haut les cœurs ! concourons tous avec une égale ardeur à la prospérité publique, que toutes les idées ayant en vue l'amour de l'humanité se donnent libre carrière, qu'elles se produisent sous toutes les formes, peu importe la grâce du style et la beauté de l'inspiration, tout réside dans le fond, dans la droiture de l'intention.

De cette façon, les prolétaires revendiquant leurs droits, exprimant leurs besoins, bien pénétrés de cette idée qu'ils sont eux-mêmes souverains et parlant par la bouche des législateurs, leurs représentants obtiendront tout ce qui ne sera pas contraire à l'action des lois et à l'intérêt général.

Loin de nous la pensée de proscrire toute controverse politique, mais nous estimons qu'elle ne doit pas tout absorber ; sinon, comme le chien de la fable, le peuple risquerait fort de lâcher la proie pour l'ombre. Car, il ne faut pas se le dissimuler, un gouvernement qui ne vivrait que d'agitations porterait la ruine à toutes les branches de l'industrie nationale.

Qu'on en finisse donc une bonne fois avec ces mots oiseux et vides de sens, d'opportunisme et d'intransigeance ; il serait temps de ne voir que des républicains dans tous ceux qui, par leurs efforts, concourent à la conquête de ces libertés, que quelques hommes tarés ont tenté de nous ravir aux époques néfastes du 24 et du 16 mai ; n'oublions pas qu'en éternisant ces querelles irritantes, on néglige les vrais intérêts sociaux pour ne songer qu'au *fonctionnarisme* qui nous ruine par son absorbante prépondérance.

Faisons donc table rase de tous les fonctionnaires anti-républicains, aussi bien que des misérables qui se glissent dans nos rangs pour décrier les serviteurs sincères du peuple, et qu'on nous laisse travailler avec calme à notre bien-être matériel et intellectuel ; car, si nous supportons patiemment le sort qui nous condamne à végéter dans la peine et la douleur, qu'on nous permette au moins de rechercher les moyens de nous créer une situation moins précaire, et digne d'êtres doués de raison et d'amour pour tout ce qui touche aux vertus humaines ; qu'on nous laisse mûrir et développer nos idées et, instruits par l'expérience, nous saurons certainement user de nos droits et accomplir nos devoirs avec la maturité d'une raison saine et intelligente.

IV

Nous avons démontré la nécessité de se mettre à l'œuvre sur le champ — les périodes d'agitations et de coups d'état allant prendre fin — pour entreprendre rigoureusement l'œuvre de rénovation politique et sociale.

Ce n'est qu'en créant des centres d'instruction partout, en multipliant les lectures et les conférences, en mettant à profit toutes les bonnes volontés, tous les dévouements, en faisant connaître les droits et les devoirs des citoyens, en étudiant en commun tout ce qui a trait au progrès du commerce, de l'industrie, du travail et de l'humanité, en écartant rigoureusement toute idée extravagante qui s'éloignerait des principes de paix et de concorde, que nous arriverons à fonder sur des bases idestructibles un état véritablement démocratique et progressif, puisant sa force dans l'initiative et l'activité féconde du peuple, qui saura consolider ses destinées par les laborieux efforts de son intelligence et de sa volonté.

En prenant pour titre : « La démocratie et le socialisme au village » nous avons voulu démontrer le plus succinctement possible que les infortunes occasionnées par le manque de travail et de crédit sont en partie remédiables, et peuvent, avec le concours des principaux intéressés, trouver un palliatif dans une organisation réellement démocratique et sociale.

Loin de nous la pensée misérable de vouloir flatter les instincts grossiers pour nous créer une malsaine popularité, notre devise est et sera toujours : travail, solidarité, fraternité.

V

Admirateur passionné de l'utilité pratique et des avantages que présentent les doctrines et les théories des grands maîtres de la science sociale : Proudhon, Fourier, Cabet, Saint-Simon, Louis Blanc, etc., etc., nous estimons que l'application de leurs principes, bien que rencontrant encore d'insurmontables difficultés, mérite d'être soigneusement examinée car, la persévérance, la raison, et l'instruction aidant, elle passera certainement un jour du domaine de la théorie, dans les champs fertiles de la pratique.

Il y a pourtant un progrès réel et palpable dans leur ordre d'idées, et nous nous faisons un véritable plaisir de citer en exemple la prodigieuse institution sociale qui est en pleine voie de prospérité sous l'éminent patronage de l'honorable citoyen Godin, député de *l'Aisne,* et chef du *familistère* de *Guise.* Grâce à son infatigable dévouement, l'association du capital et du travail a reçu une complète application, et nous pouvons dire à l'honneur de ce vaillant soutien de la cause des travailleurs, qu'on ne peut créer une œuvre à la fois plus grandiose et plus féconde en résultats : Quand on possède un personnel de neuf cents ouvriers, lesquels sont admis en participation dans les bénéfices de la production, qu'on les a logés dans un établissement appelé de son vrai nom : « Le Palais du travail, » quand on assure à toutes ces familles le bien-être matériel et intellectuel, on peut dire avec orgueil qu'on a bien mérité de l'humanité !

Honneur à ce digne citoyen, donnant le plus bel exemple de fraternité et de solidarité républicaines, car c'est bien là le point essentiel pour réussir ; malheureusement, l'exemple n'a pas encore rencontré beaucoup d'imitateurs.

Nous ne saurions trop engager la lecture du journal qui se publie à Guise (Aisne) (1) sous l'inspiration du citoyen député Godin, car, c'est, à notre avis, un des journaux les plus sérieux en cette matière, parce que ses rédacteurs savent allier la théorie à la pratique.

VI

Pour ce qui nous concerne, il ne s'agit nullement de faire entrer le travail en participation dans le capital ; nous nous bornerons à émettre quelques idées socialistes de nature à enlever au prolétariat une partie des lourdes charges qui l'accablent.

Mais nous tenons à bien préciser le but que nous poursuivons, afin de ne pas le voir travesti : Nous ne voulons ni paralyser les volontés, ni préposer un contraste pouvant léser aucunement la liberté ; les situations acquises restent en l'état ; chacun conserve la place que

(1) *Le Devoir*, journal socialiste hebdomadaire.

ses qualités ou son talent lui assignent ; il importe donc de ne pas s'effaroucher du mot *socialisme* qui, pendant vingt ans, a servi d'épouvantail à cette catégorie de « ventrus satisfaits » enrayant ainsi la marche du progrès de l'esprit humain.

La déplorable situation dans laquelle se trouvent placées nos vignes menacées d'une destruction prochaine, nous a suggéré l'idée de démontrer le besoin de prévenir les éventualités qui peuvent en surgir, et qui dégénèreraient en catastrophes pour nos excellentes populations agricoles, si on ne se mettait en garde contre un pareil danger.

Il est notoirement reconnu que les forces démocratiques de nos communes si éminemment républicaines, reposent sur l'indépendance dans laquelle se trouvent placés nos braves cultivateurs, presque tous propriétaires plus ou moins importants, et puisant dans leurs propriétés ou dans l'assurance du travail, une aisance relative qui fait d'eux des hommes essentiellement libres.

Il y va donc du salut de nos imposantes majorités républicaines, lesquelles se trouveraient gravement compromises, si nous ne trouvions un moyen pratique de conserver à nos villages et leur indépendance et leur prospérité.

Indépendamment des recherches scientifiques pour arrêter le terrible fléau qui dévaste nos vignes, de grands projets sont à l'étude et préoccupent vivement notre premier magistrat du département, ainsi que notre excellent Conseil général ; nous voulons parler de l'importante question des irrigations dans le département du Var, œuvre que nos honorables Conseillers généraux tiendront à cœur de voir se réaliser, et nous nous plaisons à l'es-

pérer, ils ne marchanderont à cette louable entreprise
ni leurs talents, ni leurs efforts.

Mais nous ne cesserons de le répéter, nous ne devons
pas nous bercer de cette idée que nos assemblées feront
toute la besogne ; il faut, par notre initiative, stimuler
leur zèle et seconder leurs travaux.

VII

Le socialisme a été souvent battu en brèche, comme
s'il n'y avait rien de bon à en retirer, par des publicistes
réputés libéraux ; c'est ce que nous n'avons jamais pu
admettre, étant intimement persuadé qu'en dehors de
l'association, la classe pauvre est irrémédiablement con-
damnée à végéter sous l'influence pernicieuse du capital
qui reste maître de la place en tirant les cordons de sa
bourse, et en fermant la porte au crédit.

Or, le manque de crédit est la plaie rongeante du petit
négociant, comme du petit industriel ; il étend ses funestes
effets jusque chez le petit propriétaire, le cultivateur et
l'ouvrier.

Cela apparaît clairement, et tient surtout à notre in-
dolente inertie car, tandis que le capital est uni dans une
pensée commune de domination et d'absorption, et suit
cette voie depuis longtemps, jouissant de toutes les faveurs
gouvernementales, nous, prolétaires, nous n'avons rien
fait pour nous garantir de ses atteintes, ni pour arrêter
les progrès de son fatal envahissement.

Le remède à tous ces maux est pourtant visible et
essentiellement pratique : il s'agit seulement d'opposer à

l'armée capitaliste, les forces coalisées du travail et de la production, en centralisant toutes les ressources morales et matérielles vers un but commun, destiné à assurer le crédit au travailleur et au producteur, pour les soustraire et les préserver contre une exploitation malsaine, ruineuse, n'ayant pour base que l'égoïsme et l'oppression.

Ce socialisme est aussi facile à appliquer qu'une simple société de secours mutuels, deux choses suffisent pour assurer le succès de cette entreprise : La confiance absolue entre les citoyens participants ; et un profond respect pour ce qui constitue l'Autorité administrative de l'opération sociale.

Proudhon a dit cette grande vérité :

« L'autorité est au gouvernement, ce que la pensée « est à la parole, l'idée au fait, l'âme au corps, abolir « l'un ou l'autre, c'est les détruire à la fois. » Nous estimons qu'elle s'applique à l'objet qui nous occupe, d'une façon toute particulière : pas de confiance, pas d'autorité ; méritons la première, nous aurons la seconde.

Appliquée dans un centre peu nombreux en population, cette solution sociale peut recevoir une impulsion plus solide, et réunir des éléments d'un succès certain, par la raison plausible qu'au village on se connaît tous, et il est dès lors facile d'accorder la confiance de la direction à des citoyens probes, intelligents, joignant à cela une garantie morale et matérielle, imposant la confiance et le respect de tous.

VIII

Si, suivant l'heureuse expression de Tacite, *la répu-*
tation est la dernière passion des sages, nous sommes
forcés de constater que cette belle maxime a subi de
profondes atteintes dans notre siècle, qui se passionne
beaucoup plus aujourd'hui pour la finance, devenue un
puissant levier contre lequel Archimède lui-même ne
pourrait lutter sans danger.

Certes, nous reconnaissons qu'il faut à la société un
stimulant de nature à lui inculquer des idées d'ordre, de
progrès et de fraternité ; si le bien-être et l'intérêt sont
les deux grands ressorts qui font mouvoir les hommes,
il faudrait au moins en faciliter l'accès à tous les déshé-
rités, de façon à leur procurer l'espoir d'un avenir calme
et serein ; mais la finance exerce une action si puissante,
elle influe d'une manière si particulière sur les destinées
du peuple, que nous devons placer chez elle le centre de
nos opérations.

Pour établir nos idées et leur donner leur véritable
aspect, nous prendrons pour plan d'exécution notre village, ayant une situation commerciale, agricole et indus-
trielle, lui permettant d'en expérimenter la valeur avec
les chances d'une réussite palpable.

L'argent étant la source de toutes les combinaisons,
de toutes les transactions commerciales, agricoles et in-
dustrielles, le point culminant consiste à fonder un établissement de crédit par association, lequel prendrait le
titre de *banque démocratique sociale*.

Ce capital devrait être fixé à *cent mille francs*, représentant deux mille actions de cinquante francs ; les versements s'effectueraient par dixièmes et par mois, afin de faciliter l'accès de l'association à tous les travailleurs.

Néanmoins il y aurait deux catégories de soucripteurs :

La première catégorie comprendrait tous les actionnaires ayant souscrit au moins six actions ;

La deuxième, tous les souscripteurs de une à cinq actions inclusivement.

Un conseil de surveillance serait choisi à l'élection en assemblée générale ; il devrait être composé par parties égales de la première et deuxième catégories d'actionnaires.

Les attributions de ce conseil, le taux de l'intérêt des actions, les crédits à accorder, la question d'instruction en faveur des ouvriers sans travail, les statuts et règlement de la société, seraient réglés dans des réunions préliminaires où l'on prendrait pour base plusieurs exemples de *banques populaires* (1) fonctionnant admirablement bien, notamment à Paris, au VIᵐᵒ arrondissement, à Cannes, à côté de nous, à Liège et Anvers (Belgique). Car il existe une foule de détails que nous négligeons certainement parce qu'ils n'occupent ici qu'une place secondaire. Le principal, à notre point de vue, c'est le but ; or, il est atteint, en expérimentant ce système, appelé à rendre d'inappréciables services à la cause du travail indissolublement liée à la République démocratique. Bien qu'il y ait dans le principe fondamental que nous avons émis, deux catégories de souscripteurs ; il ne saurait s'en suivre qu'il y ait priorité, ni pression de l'une sur l'autre ; il faut ici, comme dans toutes les questions se rattachant

(1) Voir le *Crédit populaire*, journal socialiste de Paris.

à l'idée démocratique que le principe d'égalité des droits soit scrupuleusement suivi et pratiqué.

La banque démocratique sociale aurait pour mission de garantir les produits agricoles, commerciaux et industriels, contre l'exploitation capitaliste. Elle devrait veiller à assurer du travail aux ouvriers *actionnnaires* en leur procurant un crédit, et en leur facilitant l'écoulement de leurs produits; ceci s'applique particulièrement à la classe si intéressante des ouvriers bouchonniers, qui sont par trop souvent exposés à un chômage vraiment désastreux, et contre lequel nous ne pouvons protester, étant dans la nature même du métier.

Qu'elles proviennent de la stagnation des affaires, des levées tardives des liéges, ou de toute autre cause, les crises bouchonnières sont préjudiciables à tous les points de vue ; car un père de famille ne peut supporter deux ou trois mois de manque de travail, sans être contraint de manger les faibles économies d'une année entière, et souvent de contracter des dettes, absorbant le fruit de plusieurs mois d'un pénible labeur.

Avec la banque démocratique sociale, nous pourrions conjurer bien des désastres des familles; et nous allons faire la preuve de ce que nous avançons : Supposons par exemple dix ouvriers actionnaires ayant souscrit chacun une action à raison de cinq francs par mois; dès que la crise de travail se produit, ces dix ouvriers ont droit à un crédit double au chiffre d'actions qu'ils possèdent, ce qui leur fait cent francs chacun, soit, mille francs pour les dix ouvriers réunis. Ici commence l'action bienfaisante de la *banque démocratique sociale,* qui leur achèterait mille francs de liége, et, au fúr et à mesure que les bouchons seraient fabriqués, c'est-à-dire tous les samedis, elle leur prendrait les bouchons en transit en leur payant le prix des façons, jusqu'à l'épuisement complet du liége; elle vendrait alors les bouchons, et recommencerait la même opération jusqu'à l'extinction complète de la crise.

La banque rentrerait alors dans ses fonds, et répartirait l'excédant du bénéfice entre les dix ouvriers, qui retireraient ainsi le fruit intégral de leur travail et de leur production.

La banque démocratique sociale aurait accompli sa tâche sans courir les moindres risques; les ouvriers auraient travaillé en évitant d'être exploités par des patrons peu scrupuleux qui profitent souvent de ces passages pour imposer une diminution de salaire que les ouvriers sont obligés de subir, et les patrons eux-mêmes y trouveraient l'immense avantage de reprendre leur personnel dès que le besoin s'en ferait sentir.

Les ouvriers tuiliers, en assez grand nombre dans notre village, et dont l'industrie constitue un rendement considérable, se voient très souvent obligés de livrer leurs premières fournées à bas prix, faute d'avances et de crédit; ils trouveraient dans cette salutaire institution socialiste, un appui efficace leur permettant de se livrer à leurs travaux sans aucun souci, et d'attendre l'écoulement de leurs produits à un prix raisonnable et en rapport avec les difficultés que comporte cette pénible et intéressante industrie.

Le petit commerçant ne se verrait plus exposé à des protêts et des frais ruineux, ayant le crédit sous la main. Le petit industriel pourrait agrandir ses opérations, et partout y puiser un bénéfice qui améliorerait sa situation, car, avec le crédit, il pourrait entreprendre au dehors, et se garantir ainsi du chômage.

Les cultivateurs trouveraient le moyen de faire produire leurs terres de façon à compenser les pertes des vignes ; et l'ouvrier en général, à quelque partie qu'il appartienne, pourrait se soustraire à l'influence pernicieuse du capital, étant assuré d'obtenir le crédit, qui est la seule arme pour combattre le monopole capitaliste ; en un mot : capitaliser le travail pour combattre le capital, tel est le système que nous préconisons.

Avec cette puissante organisation, que de bienfaits, que de projets vastes et féconds ne pourrait-on pas réaliser !

Nous mettons à la place de tous les abus, de toutes les injustices, de toutes les tracasseries et les perfides vengeances réactionnaires : le travail assuré, le crédit, l'indépendance et la prospérité, ayant pour point d'appui, la concorde et la fraternité du peuple !

IX

Nous établirions, dans le local même de la banque, des caisses de secours pour venir en aide à la vieillesse, à la maladie et aux invalides du travail.

L'acquisition d'un immeuble serait indispensable ; il devrait contenir avec les bureaux et salles de réunion, un entrepôt pour le service des actionnaires, et chose plus utile encore, un étouffoir et des séchoirs, destinés à garantir les récoltes de cocons des sociétaires ; on pourrait dire de cet établissement que ce serait : *l'atelier de l'aisance publique !* car, il renfermerait d'immenses et incontestables avantages que nous pouvons résumer au pas de course :

Les cultivateurs, petits propriétaires de nos villages, éprouvent souvent un pressant besoin d'argent dès la rentrée de leurs récoltes, et c'est tout naturel, ayant employé à la production les petites économies de l'année précédente ; n'étant pas assez forts propriétaires, ou suffisamment connus pour obtenir un crédit chez le banquier, ils se voient contraints par la nécessité de vendre leurs vins par exemple, avec la certitude qu'une augmentation doit se produire dans un ou deux mois.

Effectivement ayant vendu en octobre cent *coupes* (1) de vin à huit francs la *coupe,* ils ont le désagrément de constater en janvier, qu'ils ont fait une perte de trois cents francs sur leur récolte, le vin ayant subi une augmentation de trois cent francs et se vendant onze francs la *coupe.*

L'exemple que nous venons de citer est l'image vivante de la réalité, et personne ne contestera le puissant secours que renferme l'association que nous faisons prévaloir, et qui permettrait aux propriétaires-cultivateurs d'avoir le crédit sous la main, et de courir les chances de la hausse sur leurs produits en général.

X

La récolte des cocons qui tend à devenir plus considérable, à cause de la maladie des vignes, offre un exemple saisissant de l'utilité et des avantages que comporte cette

(1) La coupe est la mesure du pays, et vaut 32 litres.

œuvre sociale; nous nous faisons un plaisir de faire encore une fois la preuve palpable de ce que nous avançons :

Imaginez une entente entre acheteurs (comme cela s'est déjà produit) de nature à faire offrir des prix dérisoires sur notre marché aux cocons; cette marchandise ne pouvant souffrir un long retard après le décoconnage, le pauvre éducateur, qui a sué sang et eau, espérant gagner quelque chose qui compensera la perte des vignes ou le manque de travail, voit toutes ses espérances s'évanouir; il ne peut lutter contre l'entente commune des négociants et des banquiers, c'est-à-dire contre le capital, parce qu'il est seul, sans force, sans appui, n'ayant que ses bras avidement exploités, et servant à nourrir et à entretenir une multitude d'exploiteurs sans cœur et sans entrailles; il est donc obligé de céder ses cocons à vil prix et de rentrer chez lui le désespoir dans l'âme, car, à peine a-t-il retiré de quoi combler les dépenses préliminaires qu'il a été obligé de faire.

Il a la douleur de voir à peu de temps de là, l'acheteur de ses cocons revendre sur place à des courtiers, ou faire revendre au loin ces mêmes cocons à un prix double ou triple; ainsi, tandis que le capitaliste ou l'exploiteur réalise des bénéfices énormes, le producteur ou le travailleur est réduit à végéter dans une affreuse misère.

Non! non! une injustice pareille ne saurait durer plus longtemps; tout cela peut disparaître, si on songe que l'union du peuple a été assez forte pour détrôner des rois et chasser des tyrans, et qu'elle peut, en s'affirmant de nouveau, nous affranchir du joug capitaliste.

Avec les avantages de notre système socialiste, nous n'aurions plus à redouter l'entente commune des négociants et des banquiers, parce que la *banque démocratique sociale* serait là pour accomplir sa noble mission : protéger le faible contre le fort, ou ce qui est mieux le travail contre le capital.

Si le prix des cocons n'était pas en rapport avec le cours des soies, l'éducateur sociétaire, ayant la faculté du crédit, prendrait la somme nécessaire à ses besoins, livrerait ses cocons à l'étouffoir de la société où ils seraient soignés jusqu'au moment opportun d'une vente rationnelle, permettant au travailleur de retirer intégralement le fruit de son labeur, au grand avantage du pays qui y trouverait aussi sa part de bénéfices.

XI

Nous n'avons cité que ces quelques produits : les bouchons, les tuiles, les vins et les cocons, parce qu'ils constituent la richesse de notre village ; mais il sera facile au lecteur de se faire une juste idée, en se plaçant à tout autre point de vue, des avantages que les producteurs, qui ne chiffrent pas assez rondement en affaires pour jouir des faveurs des retors de la finance, retireraient d'un semblable projet socialiste.

Il serait trop long d'énumérer ici, toutes les catégories de citoyens intéressés à cette fondation, disons en un mot sans nous aventurer, que tout ce qui constitue les branches du commerce, de l'industrie agricole ou ouvrière, y puiserait un salutaire et incontestable secours qui aurait pour résultat d'assurer à tous les travailleurs, leur bien-être, et leur complète indépendance!

XII

Nous avons exposé notre pensée, sans chercher à vouloir faire plus que le possible, estimant que le progrès doit suivre sa marche ascendante sans interruption et sans secousses; mais nous sommes pénétré de cette ferme et inébranlable conviction, que ce projet socialiste, qui n'a rien de farouche ni de subversif, est essentiellement pratique, n'entraînant aucun danger pour la chose publique, respectant le capital et toutes les situations acquises, et tout à l'avantage des classes laborieuses si intéressantes à tant de titres.

Comme nous l'avons dit plus haut, nous n'avons aucune prétention, et nous accueillerons avec plaisir les critiques qui pourraient nous être adressées, car nous dirons à notre tour que « c'est du choc des idées que jaillit la lumière, » nous estimant très heureux d'avoir développé une idée qui peut être profitable à la noble cause que nous servons et que nous défendons, si les esprits sérieux et compétents, veulent se donner la peine de la méditer et de la soutenir, en lui faisant subir les améliorations et les perfectionnements qu'elle comporte.

PAUL BACQUE.

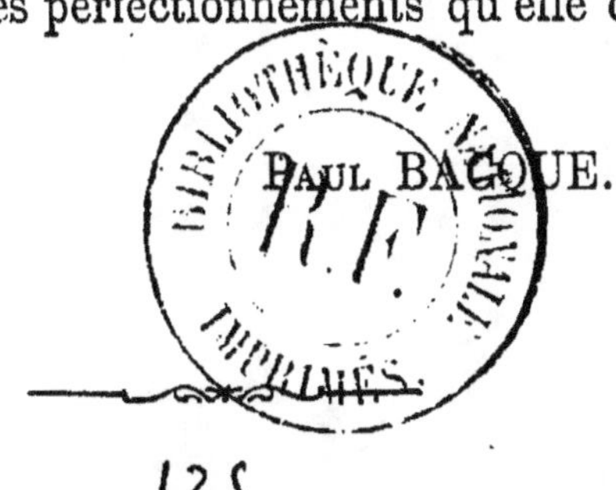